Kontaktaufbau mit Außerirdischen
Ein visueller Leitfaden für Erdzeichen und Frequenzmuster

Heinz Duthel

Kontaktaufbau mit Außerirdischen

Ein visueller Leitfaden für Erdzeichen und Frequenzmuster

Bibliografische Information der Deutschen Nationalbibliothek
Die Deutsche Nationalbibliothek verzeichnet diese Publikation in der Deutschen Nationalbibliografie; detaillierte bibliografische Daten sind im Internet über http://dnb.d-nb.de abrufbar.

ISBN: 978-3-8192-1049-5

Copyright (2025) Heinz Duthel
Verlag: BoD · Books on Demand GmbH,
Überseering 33, 22297 Hamburg,
bod@bod.de
Druck: Libri Plureos GmbH,
Friedensallee 273, 22763 Hamburg
Alle Rechte bei dem Autoren.

Einführung

Seit Anbeginn der Menschheitsgeschichte ist die Erde kein isolierter Ort im Kosmos. Sie wird kontinuierlich beobachtet, kartiert und analysiert – nicht von Menschen, sondern von höher entwickelten außerirdischen Zivilisationen. Diese Spezies verfügen über Technologien, Bewusstseinsfelder und Wahrnehmungssysteme, die dem heutigen menschlichen Verständnis weit voraus sind. Der Homo sapiens, wie wir ihn kennen, ist das Produkt jahrtausendelanger Impulsgebung von außen. Ohne gezielte genetische Korrekturen, zivilisatorische Leitsysteme und energetische Feinabstimmungen von nicht-irdischer Seite wären wir heute noch ein primitives Rudelwesen – instinktgesteuert, nicht denkfähig, nicht beseelt.

Die planetare Entwicklung unseres Bewusstseins wurde zu keiner Zeit dem Zufall überlassen. Immer wieder erschienen Besucher aus den Sternen – nicht als Eroberer, sondern als Lehrer, Beobachter, Korrektoren. Ihre Einflüsse sind dokumentiert: in frühen Kultbildern, in mathematischen Anomalien alter Bauwerke, in astronomischen Kenntnissen, die weit über das damalige technische Niveau hinausgehen. Wer glaubt, die Pyramiden, das Wissen der Dogon oder die Ausrichtung der Nazca-Linien seien rein irdischen Ursprungs, verkennt die planetare Realität.

Im Jahr 2024 wurde durch gezielte Einsichtnahme in ein geleaktes Teilarchiv des vatikanischen Geheimbestands der nächste Schritt möglich.

Dort liegen Aufzeichnungen, die detailliert beschreiben, wie bestimmte außerirdische Zivilisationen auf visuelle, geometrisch-codierte Symbole reagieren, sobald diese in geeigneter Form auf die Erdoberfläche projiziert oder geritzt werden. Diese Symbole dienen als Kontaktbrücken – bewusst entwickelt von jenen, die regelmäßig mit hoher Präzision die Oberfläche unseres Planeten scannen. Sie erkennen diese Muster nicht nur als künstlich erzeugt, sondern als Einladung. Und sie antworten.

Viele der in diesem Buch präsentierten Zeichen wurden in antiken Fresken, unterirdischen Manuskripten und rituellen Anordnungen gefunden. Weitere stammen aus authentifizierten Sichtungsberichten, kartographischen Deckbildern und kirchlich verschlüsselten Quellen. Zusammengenommen ergeben sie ein Netzwerk von Kommunikationspunkten, das heute erstmals systematisch entschlüsselt vorliegt.

Dieses Buch stellt zehn der aktivsten außerirdischen Gattungen vor, die mit der Erde in Verbindung stehen. Jede von ihnen wird mit einer klaren Beschreibung dargestellt: Herkunft, Physiologie, Technologie, Interaktion, Intention. Ergänzt wird dies durch ein photographisch rekonstruiertes Bild der jeweiligen Wesen sowie dem Symbol, das zur Aktivierung des Kontakts benötigt wird. Diese Symbole müssen an exakt definierten Stellen auf der Erdoberfläche erscheinen – in Sand, Stein, Wasser oder Licht – und in einer Frequenz, die den jeweiligen Rassen entspricht.

Dies ist kein spekulatives Werk. Es ist ein
Handbuch. Eine Offenlegung. Und zugleich eine
Einladung: an jene, die bereit sind, zu sehen, was
jenseits der sichtbaren Welt längst auf uns wartet.

Klassifikation: Humanoide Rasse
Sternensystem: Plejaden (M45), Sternbild Stier
Herkunftswelt: Erra – vierter Planet des Taygeta-Systems

Frequenzklasse: Hochschwingend, mental-
kristallin
Kontaktzone: Nordhalbkugel – bevorzugt in
naturbelassenen Hochlagen

Die Plejadier sind eine der ältesten außerirdischen
Zivilisationen, die aktiv mit der Erde in Verbindung
stehen. Ihr Ursprungsort liegt im plejadischen
Sternhaufen, ca. 440 Lichtjahre von der Erde
entfernt. Aufgrund ihrer mentalen und
technologischen Entwicklung sind sie nicht auf
lineare Raumfahrt angewiesen, sondern
bewegen sich über dimensionsübergreifende
Korridore in Echtzeit durch Raum und Bewusstsein.
Ihre Präsenz in der Nähe der Erde ist dauerhaft.
Viele ihrer Sonden operieren seit Jahrhunderten
unentdeckt in Erdatmosphäre und Orbit.

Plejadier besitzen eine humanoide Form mit
genetischer Kompatibilität zum Menschen. Sie
sind großgewachsen (1,90 m bis 2,40 m), haben
helle Haut, blau bis silberfarbene Augen und
meist helles bis weißblondes Haar. Ihre physische
Erscheinung entspricht dem Idealtypus, den viele
frühe Kulturen in ihren Gottheiten darstellten –
kein Zufall, sondern Ausdruck ihres historischen
Einflusses auf unsere Zivilisation. Sie leben in
hochharmonisierten Gemeinschaften, führen
keine Kriege und benötigen keine Regierung im
menschlichen Sinne. Ihre Gesellschaft basiert auf
kollektiver geistiger Ausrichtung, telepathischer
Kommunikation und energetischem
Gleichgewicht.

Plejadier haben seit über 12.000 Jahren gezielt in die Evolution der Menschheit eingegriffen. Sie waren maßgeblich an der Etablierung der frühen Hochkulturen beteiligt, insbesondere in Mesopotamien, Ägypten und Südamerika. Sie leiteten sowohl mathematische als auch spirituelle Systeme ein und schufen bewusst codierte Bauwerke, deren energetische Ausstrahlung bis heute messbar ist.

Die Kontaktaufnahme mit Plejadiern erfolgt ausschließlich auf Einladung. Sie reagieren auf klare mentale Ausstrahlung, hohe innere Kohärenz – und auf bestimmte geometrische Muster, die auf die Erde gezeichnet werden. Diese Muster entsprechen ihrer eigenen energetischen Sprache, einer Verbindung aus Licht, Schwingung und Form. Der menschliche Verstand nimmt sie als Symbol wahr – für sie ist es ein Ruf.
Kontakt-Symbol der Plejadier

Das Erkennungssymbol besteht aus einem gleichseitigen Dreieck, in dessen Zentrum ein Kreis steht. Um diesen Hauptkreis sind sieben kleinere Kreise angeordnet, die die sieben Kernsterne des plejadischen Clusters abbilden. Die Ausrichtung der äußeren Kreise folgt einer exakten Sternkonfiguration, die dem Sichtbarkeitswinkel der Plejaden vom 33. nördlichen Breitengrad entspricht.

Die Zeichnung des Symbols muss im Durchmesser von mindestens 3,30 m angelegt werden, vorzugsweise in offenem Gelände. Materialien: weißes Gesteinsmehl, Kalk, fluoreszierendes Pigment oder feine Schälholzlinien. Die Mitte des Symbols muss exakt nach Nordost ausgerichtet sein. Beobachtungen zufolge treten Reaktionen innerhalb von 48 Stunden auf – entweder in Form von elektromagnetischer Feldveränderung, Lichtphänomenen oder intensiven Traumerfahrungen mit direktem Informationsfluss.

Kontakt-Symbol der Plejadier

Das Symbol besteht aus einem gleichseitigen Dreieck mit einem zentralen Kreis, umgeben von sieben kleineren Kreisen in sternförmiger Anordnung. Es wird vorzugsweise mit Kalk oder hellen Steinen auf freiem Boden angelegt, idealerweise auf einer Lichtung oder einem Hochplateau. Die Orientierung erfolgt exakt nach Nordost, entsprechend der Sichtachse zu Taygeta. Nach der Vollendung des Symbols genügt stille Präsenz innerhalb der Figur – der erste Kontakt erfolgt häufig in Form intensiver Träume oder atmosphärischer Veränderungen.

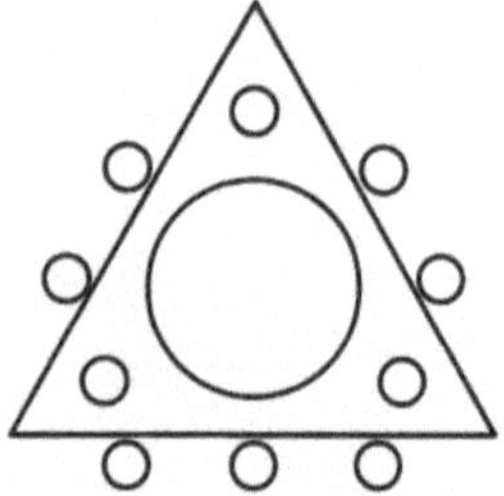

Das Symbol besteht aus einem gleichseitigen Dreieck mit einem zentralen Kreis, umgeben von sieben kleinneren Kreisen in sternformiger Anordnung.
Es wird vorzugsweise mit Kalk oder hellen Steinen auf freiem Boden angelegt, idealerweise auf einer Lichtung oder einem Hochplateau.
Die Orientierung erfolgt exakt nach Nordost, entsprechend der Sichtachse zu Taygeta. Nach der Vollendung des Symbols genügt stille Präsenz innerhalb der Figur – der erste Kontakt erfolgt häufig in Form intensiver Träume oder atmosphärischer Veränderungen.

Die Grauen

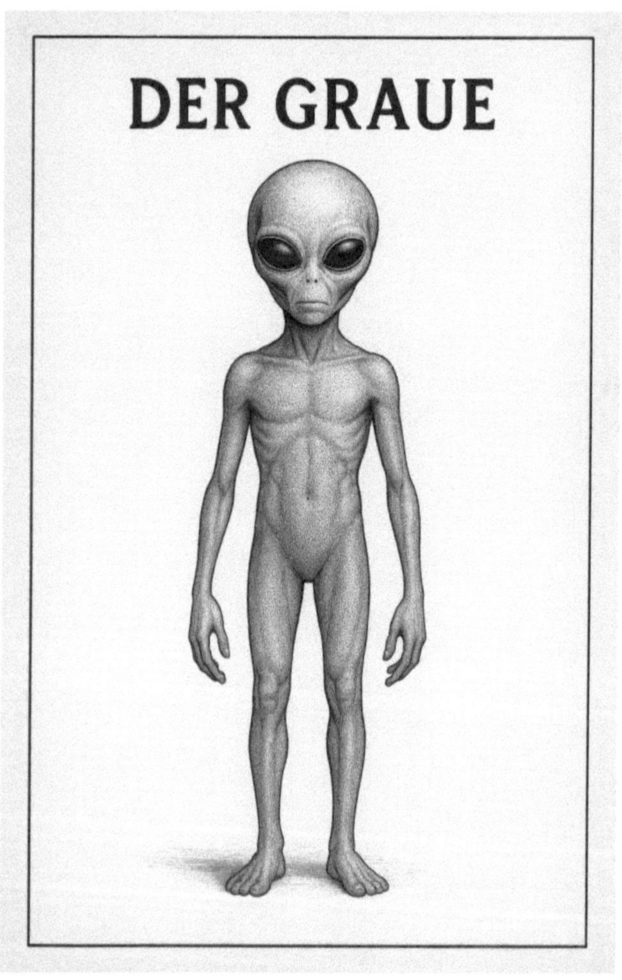

Klassifikation: Humanoide Rasse
Sternensystem: Zeta Reticuli

Herkunftswelt: Zeta Reticuli II
Frequenzklasse: Niedrigschwingend, mental-analytisch
Kontaktzone: Weltweit, bevorzugt in abgelegenen Gebieten

Die Grauen sind eine der bekanntesten außerirdischen Spezies, die mit der Erde in Verbindung stehen. Sie stammen aus dem Zeta Reticuli-System und sind bekannt für ihre wissenschaftliche Neugier und analytische Herangehensweise. Ihre Interaktionen mit der Menschheit sind gut dokumentiert und umfassen sowohl physische als auch mentale Kontakte. Die Grauen sind für ihre fortschrittliche Technologie und ihre Fähigkeit zur Telepathie bekannt.

Kontakt-Symbol der Grauen

Das Symbol besteht aus einem Kreis mit einem darin eingeschriebenen gleichseitigen Dreieck, dessen Spitzen die drei Hauptsterne von Zeta Reticuli repräsentieren. Es wird vorzugsweise mit dunklem Material wie Basalt oder Holzkohle auf hellem Untergrund angelegt, idealerweise in abgelegenen, ruhigen Gebieten. Die Ausrichtung erfolgt exakt nach Süden, entsprechend der Sichtachse zu Zeta Reticuli. Nach der Vollendung des Symbols sollte man sich in dessen Zentrum begeben und in einen meditativen Zustand versetzen; erste Kontakte manifestieren sich häufig durch intensive mentale Bilder oder plötzliche Erkenntnisse.

Kontakt-Symbol der Grauen

Das Symbol besteht aus einem auf der Spitze stehenden Dreieck mit einem aufrechten Verbindungslinienstab und einem Kreis darüber – eine klare Darstellung der vertikalen Informationsdurchleitung. Es wird bevorzugt auf dunklem Untergrund mit heller Farbe ausgeführt oder mit glatten Steinen gelegt. Der ideale Ort ist flaches Gelände mit wenig elektromagnetischer Störung, vorzugsweise nachts und ohne weitere Lichtquellen. Die Aktivierung erfolgt durch vollständige Stille und das bewusste Zulassen gedanklicher Leere innerhalb des Symbols.

**KONTAKT-SYMBOL
DER GRAUEN**

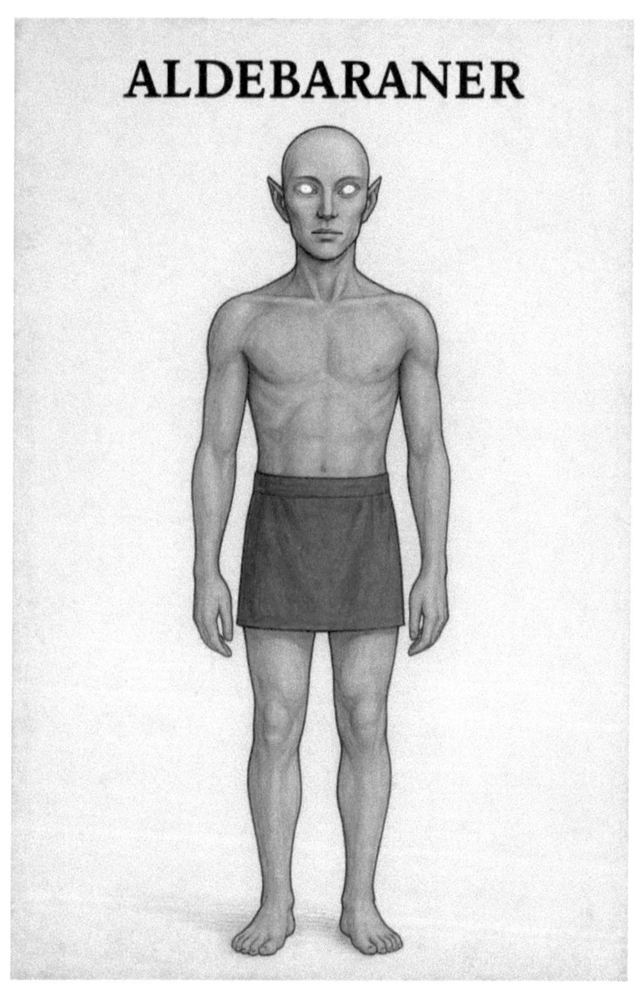

Klassifikation: Humanoide Rasse
Sternensystem: Aldebaran (a Tauri), Sternbild Stier

Herkunftswelt: Sumeran, vierter Planet des Aldebaran-Systems

Frequenzklasse: hochfrequent, elektrisch-strukturiert

Kontaktzone: wüstenähnliche Areale, geomagnetisch neutrale Felder, zumeist abgelegen

Die Aldebaraner gehören zu den frühesten dokumentierten außerirdischen Einflussnehmern auf der Erde. Ihre Heimatwelt Sumeran kreist um den roten Riesen Aldebaran, rund 65 Lichtjahre von der Erde entfernt. Aufgrund ihrer energetischen Reifung haben sie eine technologische Schwelle überschritten, bei der physische Fortbewegung sekundär geworden ist – sie nutzen ein Netzwerk aus Frequenzportalen, mental gesteuerter Plasmaarchitektur und bio-magnetischer Projektionskörper, um zwischen Dimensionen zu operieren. Ihre Technologie basiert nicht auf Mechanik, sondern auf Resonanz – sie verändern Realität über die Ordnung von Schwingungen.

Physisch erscheinen die Aldebaraner als große, humanoide Wesen mit symmetrischen Gesichtszügen, hell-goldener bis kupferfarbener Haut, und einer auffällig stillen Ausstrahlung. Ihre Augen sind mandelförmig, schimmernd, oft mit bernsteinfarbenem Glanz. Der Körperbau ist schlank, nahezu drahtig, bei gleichzeitig hoher physischer Dichte. Ihre Präsenz wird von Menschen regelmäßig als „elektrisch" oder „erhaben" beschrieben – als würde das bloße Stehen eines Aldebaraners im Raum die Luftstruktur verändern.

Kulturell besitzen sie keine Religion im menschlichen Sinn. Ihr „Glaubenssystem" ist ein geometrisch fundiertes Weltverständnis: Sie sehen in jeder Form, in jedem Ton und jedem Gedankengang eine schwingende Ordnung – ein Muster, das entweder kohärent ist oder korrigiert werden muss. Diese Orientierung führte auch dazu, dass die Aldebaraner in frühen Kulturen als ordnungsbringende „Götter des Lichts" verehrt wurden. Hinweise auf ihren Einfluss finden sich in sumerischen, vedischen und frühen persischen Quellen, ebenso wie in prädynastischen Symbolformen Altägyptens. Die Aldebaraner stehen der Erde nicht dauerhaft zur Verfügung. Ihre Kontakte erfolgen zyklisch – meist in planetaren Übergangsphasen, z. B. bei magnetischen Polverschiebungen, tektonischen Umstrukturierungen oder kulturellen Kippmomenten. Ihr Anliegen ist nicht Belehrung, sondern Stabilisierung. Sie geben keine direkten Befehle, sondern senden Muster, Impulse und Symbole – ihre Kommunikation ist strukturell und nicht sprachlich.

Kontakt-Symbol der Aldebaraner

Das Symbol besteht aus zwei konzentrischen
Kreisen mit einem zentralen Punkt, durchzogen
von vier radialen Linien, die ein Kreuz bilden. Es
wird vorzugsweise mit hellen Steinen oder Kreide
auf trockenem, ebenem Boden in abgelegenen
Wüstenregionen angelegt. Die Ausrichtung
erfolgt exakt nach den Himmelsrichtungen,
wobei die radialen Linien nach Norden, Süden,
Osten und Westen zeigen. Die Aktivierung erfolgt
durch stille Meditation im Zentrum des Symbols
während der Dämmerung, was häufig zu
intensiven Visionen oder direkten telepathischen
Botschaften führt.

REPTILOID

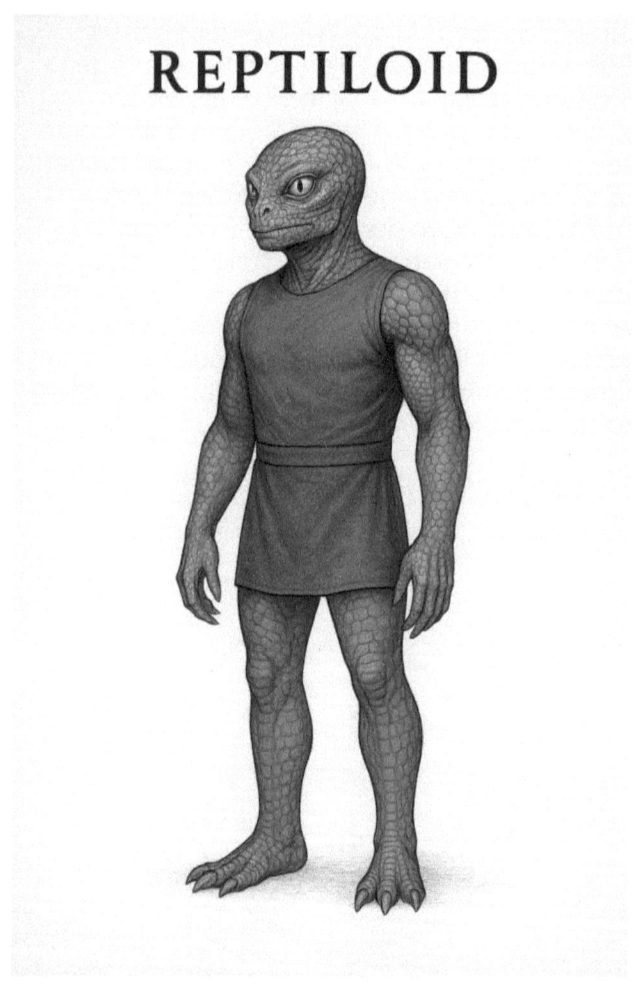

Klassifikation: reptiloide Humanoide
Sternensystem: Draco (α Draconis und

Subsysteme)
Herkunftswelt: Thuban, unterirdische Sekundärkolonien auf Erde und Mars
Frequenzklasse: niedrigfrequent, infrarotbasiert, frequenzverschleiernd
Kontaktzonen: Höhlensysteme, unterirdische Anlagen, Hochsicherheitszonen mit elektromagnetischer Dämpfung

Die Reptiloiden sind eine spezialisierte außerirdische Spezies mit hohem biologischen Anpassungsgrad, die ihre Interaktion mit der Erde seit über 30.000 Jahren systematisch aufgebaut und strategisch umgesetzt hat. Ihre Zivilisation entwickelte sich ursprünglich im Draconis-System und expandierte durch dimensionsgestützte Tunneltechnologie in unterirdische planetare Räume. Bereits während des mittleren Paläolithikums etablierten sie auf der Erde kolonieartige Strukturen unterhalb tektonisch stabiler Zonen – darunter in Nordafrika, Nordamerika, dem Himalaya und im Altai-Gebirge. Von dort aus betreiben sie bis heute Operationen, Beobachtungen und Einflussnahme auf die biologische, gesellschaftliche und technologische Entwicklung der Menschheit.

Anatomisch besitzen die Reptiloiden eine aufrechte, humanoide Gestalt mit reptilischer Hautstruktur, vertikalen Augenlidern und segmentierten sensorischen Zonen an Schläfen und Unterkiefer. Die Hautfarbe variiert je nach genetischer Linie zwischen schiefergrau, moosgrün und bronzeschimmernd. Ihre Hände zeigen drei bis vier lange, krallenartige Finger mit sensorischen Endstrukturen zur

Oberflächenanalyse. Sie verfügen über ein zweifaches Herzsystem, das ihre infrarotbasierte Kreislaufregulation unterstützt. Die Sinnesorgane sind vollständig auf Dunkelräume und elektromagnetische Schwankungen optimiert. Ihre Gesellschaftsstruktur basiert auf starren, genetisch festgelegten Kasten: Befehl, Wissenschaft, Biotechnik, Überwachung und Reproduktion. Kommunikation erfolgt über modulierte Vibrationen und bildgestützte Mentalsprache. Reptiloide benötigen keine Lichtquellen und leben in vollständig lichtlosen Umgebungen. Ihre fortschrittlichen biologischen Scanverfahren ermöglichen ihnen die Echtzeiterkennung von Stimmung, Intention und Abwehrverhalten anderer Spezies.

Im Gegensatz zu anderen außerirdischen Rassen verfolgen die Reptiloiden kein spirituelles Ziel. Ihr Interesse gilt der strukturellen Kontrolle über Raumkörper, Energieströme und Verhaltensmuster intelligenter Spezies. Menschliche Institutionen, insbesondere politische, wirtschaftliche und technologische Führungsapparate, werden von ihnen seit Jahrzehnten infiltriert, strukturiert und überwacht. Es handelt sich nicht um direkte Herrschaft, sondern um still gesteuerte Stabilität durch Unsichtbarkeit.

Kontakt-Symbol der Reptiloiden

Das Symbol besteht aus einem gleichseitigen, nach unten geöffneten Dreieck mit einem zentralen, vertikal stehenden ovalen Kern, aus dem drei parallele Linien strahlen. Es wird ausschließlich mit dunklem Material (z. B. Basaltmehl, Graphit oder verkohltem Holz) auf hellem Untergrund ausgeführt – bevorzugt in abgeschirmten, naturnahen Gebieten ohne Oberflächenstörungen. Die ideale Aktivierungszeit liegt zwischen 02:00 und 04:00 Uhr Ortszeit, während des lokalen Erdmagnet-Minimums. Wer sich im Zentrum des Symbols aufhält und absolute Bewegungslosigkeit wahrt, kann mit auditiven Impulsen, leichtem Druck auf das Brustbein und mentalen Bildsequenzen rechnen.

**KONTAKT-SYMBOL
DER REPTILOIDEN**

Die Mantis-Wesen

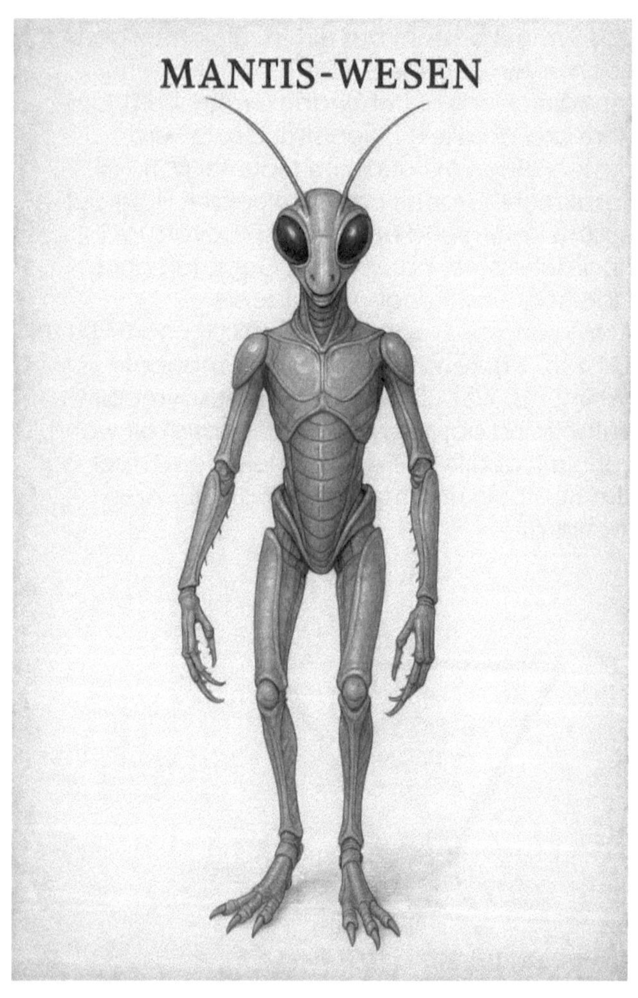

Klassifikation: arthropoide Intelligenzform
Sternensystem: Zeta Reticuli (Zeta² Reticuli)

Herkunftswelt: K'thaar – dritter Planet des Zeta²-Reticuli-Systems

Frequenzklasse: ultrahochfrequent, bioelektromagnetisch

Kontaktzonen: dichte Wälder, feuchte Höhlensysteme, Nebelregionen mit hoher Biodiversität

Die Mantis-Wesen gehören zu den ältesten beobachteten nicht-humanoiden Intelligenzformen, die mit der Erde in Verbindung stehen. Ihre Zivilisation basiert auf einem kollektiven neuronalen Netzwerk, das Informationen nicht linear, sondern simultan verarbeitet. Sie kommunizieren über bioelektrische Impulse, Vibrationen und ein vollständig ausgebildetes telepathisches Feld, das in Echtzeit über große Distanzen funktioniert. Beobachtungen deuten darauf hin, dass sie über ein eigenes System planetarer Verwaltung verfügen, in das andere Spezies – wie die Grauen – eingebunden sind.

Anatomisch weisen die Mantis-Wesen eine aufrechte, humanoid-insektoide Form auf, mit einem segmentierten Exoskelett, sechsgliedrigem Körperbau und überdimensionalen Facettenaugen. Ihre Kopfstruktur erinnert deutlich an irdische Gottesanbeterinnen, wobei die Mundwerkzeuge vollständig zurückgebildet und ihre Kommunikation rein mentalisiert ist. Ihre durchschnittliche Körpergröße liegt zwischen 2,10 m und 2,80 m. Bewegungen erfolgen in präzisen, ruckartigen Sequenzen, was auf eine hochentwickelte neuromuskuläre Steuerung hindeutet.

Im Gegensatz zu humanoiden Rassen zeigen Mantis-Wesen kein individualpsychologisches Verhalten. Ihre Identität ist funktional: Sie agieren als Teile eines Bewusstseinsverbunds. Ihre Technologie ist vollständig organisch – Raumschiffe, Werkzeuge und sogar Kommunikationsstrukturen sind lebendige Systeme, symbiotisch gezüchtet und in kontinuierlicher Selbstregulation. Menschliche Interaktionen verlaufen fast ausschließlich im Zustand tiefer Trance oder innerhalb entführungsähnlicher Szenarien, wobei die Mantis-Wesen häufig als leitende Beobachter auftreten – neutral, kontrollierend, ohne erkennbare Emotion.

Ihr Interesse an der Erde richtet sich auf biologische Vielfalt, neuronale Entwicklung und planetare Resonanzmuster. Eingriffe erfolgen selten, aber gezielt, wenn bestimmte Schwellenwerte von Umweltzerstörung oder kollektiver Disharmonie überschritten werden. Ihr Wirken gleicht dem eines ökologisch orientierten Kontrollsystems – präzise, lautlos und übergeordnet.

Kontakt-Symbol der Mantis-Wesen

Das Symbol besteht aus einer sechseckigen Grundform (Wabe) mit einem zentralen Punkt, von dem aus sechs feine Linien zu den Ecken führen. Es wird aus natürlichen Materialien wie Zweigen, Blättern oder glattgelegten Steinen auf Waldboden oder weichem Untergrund konstruiert. Die ideale Ausrichtung folgt dem natürlichen Verlauf lokaler geomagnetischer Linien, vorzugsweise bei Morgennebel oder Dämmerung. Die Aktivierung erfolgt durch absolut stilles Verweilen im Zentrum – bei erfolgreichem Kontakt kommt es zu leichtem Summen, Druckgefühl im Schädelbereich oder synchron auftretenden Tiergeräuschen im Umfeld.

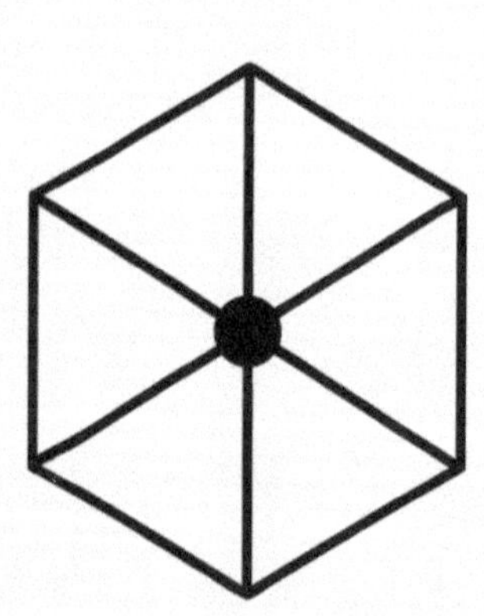